Manuela Müller

Holzpuzzles und Lernspiele

einfach selber machen

ENGLISCH VERLAG

Die Deutsche Bibliothek – CIP-Einheitsaufnahme
Holzpuzzles und Lernspiele einfach selber machen/Manuela Müller. – Wiesbaden:
Englisch, 2000
ISBN 3-8241-0969-7

ISBN 3-8241-0969-7

Fotos: Frank Schuppelius
Herstellung: Michael Feuerer
Printed in Spain

Inhaltsverzeichnis

Vorwort 5

Material und Werkzeug 6

Grundanleitung 7

Holzpuzzles 9
Raupe 9
Schnecke 10
Schildkröte 11
Fisch 12
Papagei 13
Tintenfisch 14
Feuerdrache 15
Fee und Hexe 16

Lege- und Steckspiele 17
Legekreis Fische 17
Bunte Tierwelt 18
Löwe 19
Obst 20
Tierfelle 21
Auto, Schiff und Flugzeug . . 22

Lern- und Geschicklichkeitsspiele 23
Fädelkatze 23
Puzzle-Uhr 24
Buchstabenspiel 26
Elefant 28
Balance-Blume 30
Kugelwurm 31

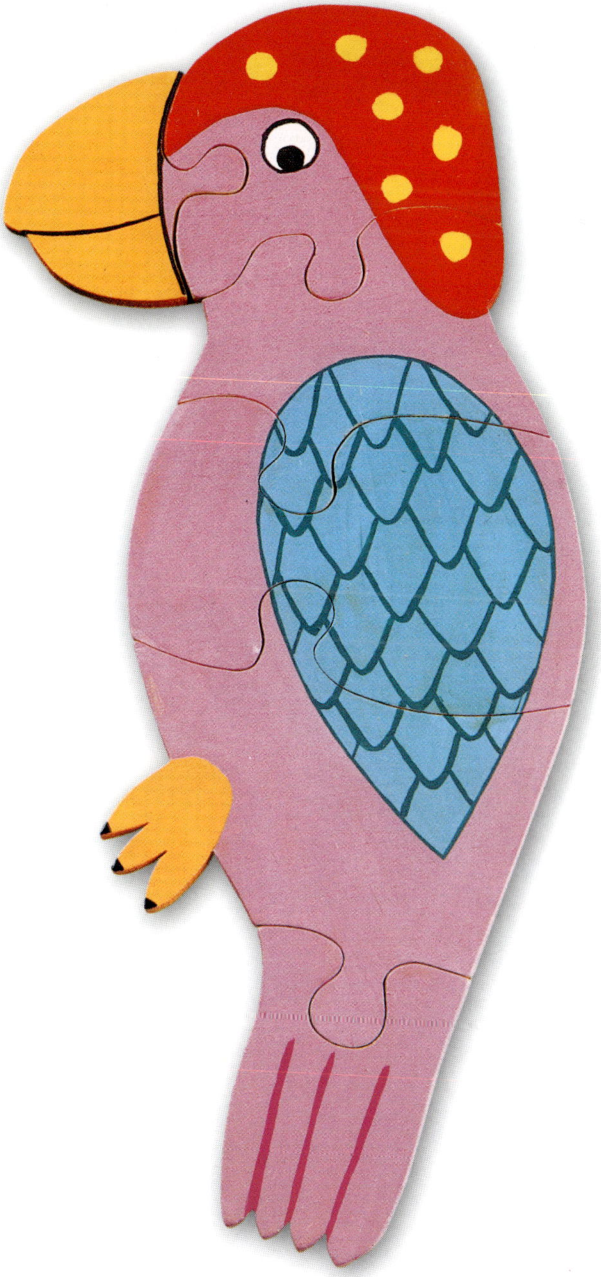

Vorwort

Holz ist als Material für Puzzles und andere Lernspiele sehr gut geeignet, weil es äußerst stabil und für Kinderhände gut greifbar ist. Daher besitzen Puzzles und Lernspiele eine lange Lebensdauer, auch wenn sie durch Kinder ein wenig strapaziert werden.
Dieses Buch zeigt Ihnen eine Vielzahl neuer Ideen für Puzzles und Lernspiele der unterschiedlichsten Art. Durch die vorgestellten Spiele lernt Ihr Kind, Farben zuzuordnen, zu fädeln, es lernt Buchstaben und Formen kennen, und es kann mit den Puzzles ganz einfach Spaß haben.

Viel Freude beim Basteln und Spielen wünscht *Manuela Müller*

Material und Werkzeug

Für die Holzpuzzles und Lernspiele, die in diesem Buch vorgestellt werden, benötigen Sie folgendes Material:

- Pappelsperrholz, ∅ 4 oder 6 mm
- Holzleim
- Plakatfarben
- Klarlack
- Blaupapier zum Durchpausen
- Transparentpapier
- Bleistift
- Zirkel und Lineal

Darüber hinausgehendes Material ist bei den jeweiligen Spielzeugen angegeben.

Die Puzzles und Lernspiele in diesem Buch sind aus Pappelsperrholz mit der Stärke 4 oder 6 mm gesägt. Dieses helle mittelharte Holz erhalten Sie kostengünstig in Baumärkten. Es lässt sich leicht bearbeiten, ist selbst mit hellen Farben gut bemalbar und ist überdies sehr stabil. Für den Anfang empfehle ich Holz in der Stärke 4 mm, da es sich besonders leicht sägen und schleifen lässt. 6 mm starkes Holz ist noch ein wenig stabiler und griffiger. Grundsätzlich können Sie jedes der vorgestellten Spielzeuge in der von Ihnen bevorzugten Holzstärke anfertigen. Zur Herstellung der Klebeverbindungen empfehle ich einen Holzleim mit äußerst schneller und hoher Klebekraft ohne Lösungsmittel. Für die Bemalung und Lackierung der Holzpuzzles und Lernspiele steht in den Hobby-Fachgeschäften eine große Auswahl an Farben zur Verfügung. Sehr gute Erfahrungen habe ich mit Plakatfarben gemacht. Sie sind in zahlreichen Farbtönen erhältlich, untereinander mischbar und besitzen eine hohe Deckkraft. Plakatfarben tragen das CE-Zeichen und sind somit gesundheitlich unbedenklich.

Schwieriger ist es, einen Klarlack mit ebenso guter Verträglichkeit zu finden. Viele Firmen bieten reine Acryllacke und Acryllacke auf Wasserbasis an. Lacke auf Wasserbasis sind leider für die Lackierung von Plakat- und Schulmalfarben ungeeignet, da die Farben von der Wasserbasis des Lacks angelöst werden und verwischen. Acryllacke erfüllen wiederum nicht die Spielzeugnorm und sind allenfalls für die Spielzeuge größerer Kinder geeignet. Babyspielzeug, das auch in den Mund wandert, sollte mit einer gesundheitlich absolut unbedenklichen Alternative lackiert werden. Die hier gezeigten Puzzles und Lernspiele sind mit einem Klarlack seidenmatt als Naturprodukt (erfüllt die Spielzeugnorm EN 71) lackiert. In Bioläden und Öko-Möbelhäusern gibt es oft eine Auswahl unbedenklicher Farben und Lacke. Eine Probelackierung auf einem Versuchsholzstück ist immer zu empfehlen, um die Verträglichkeit von Farbe und Lack zu testen. Sämtliche weiteren Materialien wie Holzkugeln und Rundstäbe erhalten Sie im Hobby-Fachhandel.

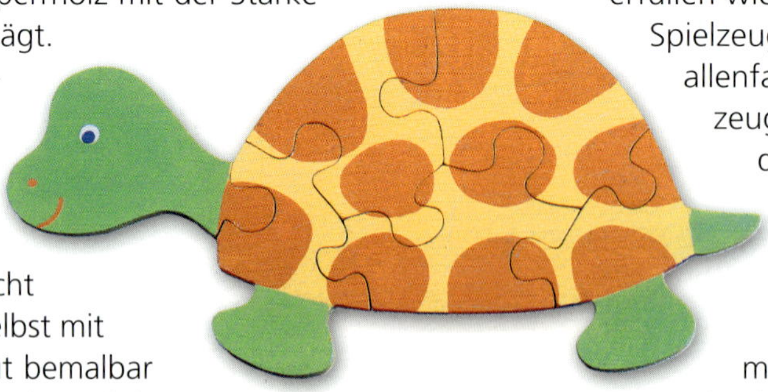

Für die Anfertigung der Puzzles und Lernspiele benötigen Sie folgendes Werkzeug:

- Laubsägebogen
- Sägeblätter
- Laubsägebrettchen
- Handbohrer
- Schleifpapier
- Pinsel

Das wichtigste Werkzeug ist natürlich die Laubsäge. Sie sollte einen stabilen Bogen und einen handlichen Griff haben. Die dazugehörigen Sägeblätter gibt es in verschiedenen Größen. Für den Anfang genügt eine Auswahl von Sägeblättern in zwei verschiedenen Größen (zum Beispiel 1 und 3, 2 und 4).

Ein Sägebrettchen, das leicht an jedem Tisch befestigt werden kann, erleichtert das Arbeiten sehr. Man kann das Werkstück gut auflegen, problemlos in die gewünschte Richtung drehen und außerdem sicher in dem vorgegebenen Arbeitsgebiet sägen.

Handbohrer sind im Set mit drei verschiedenen Größen in Baumärkten erhältlich.

Das Schleifpapier sollte speziell für Holz geeignet sein. Benötigt wird jeweils ein Blatt mit grober, mittlerer und feiner Körnung.

Grundanleitung

Motive übertragen

Für das Puzzle oder Lernspiel, das Sie nacharbeiten möchten, suchen Sie die dazugehörigen Motive auf dem Vorlagebogen aus. Legen Sie zwischen Vorlagebogen und Holz ein Blatt Blaupapier, und zeichnen Sie die Umrisslinien sowie das Innenmuster auf dem Vorlagebogen nach. Dabei markieren Sie auch die Löcher, die gebohrt werden müssen. Hat das Objekt eine Vorder- und Rückseite, ist die Rückseite generell seitenverkehrt bemalt.

Dazu pausen Sie mit Hilfe von Transparentpapier die Vorderseite vom Vorlagebogen ab, wenden das Papier, und das Muster wird mit Blaupapier auf die Rückseite übertragen.

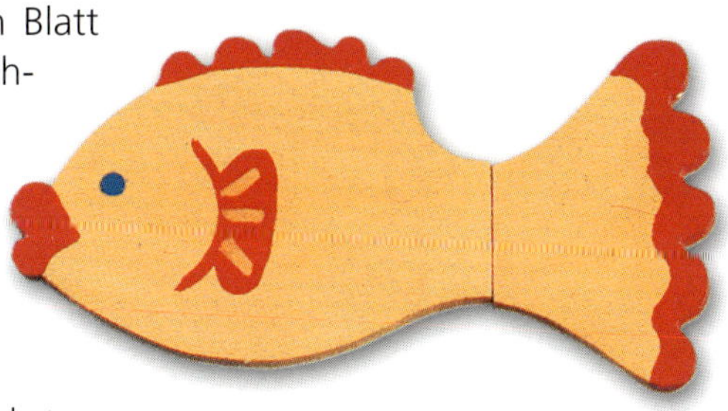

Sägen

Zuerst wird das Sägeblatt in der Spannschraube am Griff der Laubsäge befestigt. Die Zähne des Sägeblattes sollen vom Laubsägebogen weg und hin zum Griff zeigen. Nun drücken Sie den Laubsägebogen zusammen, fädeln das Sägeblatt oben ein und drehen die Spannschraube fest. Die Säge wird am Holzrand angesetzt und mit gleichmäßigen Auf- und Abwärtsbewegungen geführt. Bitte sägen Sie nicht ruckartig, und üben Sie keinen zu großen Druck nach vorne aus, weil das Sägeblatt sonst reißt. In engen Winkeln wird grundsätzlich ohne Vorwärtsschub gesägt und dabei langsam das Holz gedreht. Sollte das Sägeblatt haken, wird das Holz nochmal vorsichtig zurückgedreht und erst dann weitergesägt. Soll das Innenteil eines Objekts ausgesägt werden, bohren Sie mit dem Handbohrer nahe der Sägelinie ein Loch, fädeln das Sägeblatt, das nur unten an der Laubsäge befestigt ist, durch, spannen das Sägeblatt oben ein und sägen das Innenteil aus.

Schleifen

Für den ersten Schleifvorgang verwenden Sie grobes Sandpapier. Damit können Sie die Sägekanten und die Oberflächen abschleifen. Danach wird mit dem Schleifpapier der feinen Körnung das Spielzeug noch einmal von allen Seiten rundum geglättet. Bei Kanten, die absolut gerade sein sollen (wie zum Beispiel beim Puzzle), legen Sie das Schleifpapier auf den Tisch und führen das Holzteil darüber.

Bohren

Die Löcher der abgebildeten Spielzeuge sind alle von Hand gebohrt. Dazu legen Sie ein Holzstück unter die angezeichnete Bohrstelle des Spielzeuges, setzen den Bohrer senkrecht auf und drehen ihn mit mäßigem Druck durch das Holz. Mit Schleifpapier entfernen Sie die Späne und glätten die eventuell entstandenen Kanten.

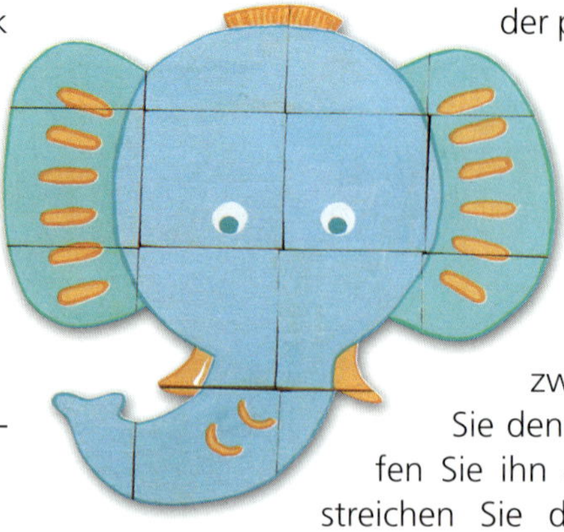

Bemalung

Das Spielzeug wird vor dem Bemalen mit einem Tuch gründlich von dem Schleifstaub befreit. Für die Bemalung können Sie sich nach der Vorlage richten oder eigene Ideen entwickeln.

Die Hauptsache ist, dass das Spielzeug bunt gestaltet wird. Kinder lieben fröhliche Farben. Deshalb sollten Sie keine zu dunklen Töne verwenden und lieber die Konturen zwischen den Farben kräftig betonen. Vor dem Lackieren sollten Sie Ihr Spielzeug gut trocknen lassen.

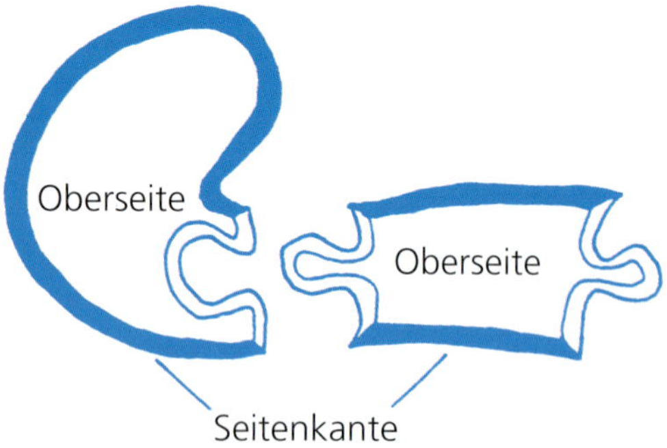

Hinweis: Für die Puzzles werden alle sichtbaren Flächen, also die Oberseiten und die Seitenkanten, bemalt. Die Stellen, an denen sich die Puzzleteile beim Zusammenfügen berühren, werden unbemalt belassen, damit die Teile später genau ineinander passen (Farbe trägt auf!).

Lackieren

Alle Spielzeuge haben eine zweischichtige Rundumlackierung, d. h. auch die Kanten und Rückseiten sind zweifach lackiert. Tauchen Sie den Pinsel in Lack ein, streifen Sie ihn am Dosenrand ab, und streichen Sie das Werkstück sparsam und gleichmäßig ein. Keinesfalls dürfen sich dicke Pfützen in den Ecken bilden.

Nachdem die erste Lackschicht getrocknet ist, schleifen Sie das Puzzle oder Lernspielzeug. Mit feinem Sandpapier werden die abstehenden Späne der unbemalten Partien vorsichtig entfernt. Dann tragen Sie eine zweite Lackschicht auf.

Holzpuzzles

1. Raupe

Material
- Sperrholz, Ø 6 mm
- Plakatfarben
- Klarlack

Anleitung
Pausen Sie die Zeichnung des Vorlagebogens auf das Sperrholz. Anschließend sägen Sie zunächst die Raupenform aus. Glätten Sie die Außenkanten mit Schleifpapier.

Nun können Sie die einzelnen Teile sauber entlang der Linien aussägen.
Die Kanten und Oberflächen dieser Teile werden ebenfalls geschliffen. Bemalen Sie die Raupe mit lustigen Farben, und tragen Sie nach dem Trocknen zwei Schichten Lack auf.

2. Schnecke

Material
- Sperrholz, ⌀ 6 mm
- Plakatfarben
- Klarlack

Anleitung
Pausen Sie den Umriss der Schnecke vom Vorlagebogen auf das Holz. Übertragen Sie dabei auch das Puzzleraster. Zunächst wird die Schnecke in ihrer ganzen Form ausgesägt, dann werden die Sägekanten mit Schleifpapier geschliffen. Zersägen Sie die Schnecke nun in ihre Einzelteile. Alle Teile werden sorgfältig mit Schleifpapier geglättet. Setzen Sie die Schnecke zusammen, und pausen Sie vom Vorlagebogen die Zeichnung für die Bemalung auf. Dann können Sie das Puzzle bemalen und zweifach lackieren.

3. Schildkröte

Material
- Sperrholz, Ø 6 mm
- Plakatfarben
- Klarlack

Anleitung

Mit diesem Puzzle können Kinder nicht nur das Zusammenlegen passender Teile üben, sondern gleichzeitig auch das Erkennen von Farben schulen. Die Schildkröte ist von beiden Seiten mit unterschiedlichen Farben bemalt worden, das macht ihren besonderen Reiz aus.

Pausen Sie das Puzzleraster der Schildkröte auf Holz. Sägen Sie zuerst die gesamte Schildkröte aus, schleifen Sie die Kanten glatt, und zersägen Sie die Schildkröte dann in ihre Einzelteile. Schleifen Sie die Kanten und Oberflächen glatt. Verwenden Sie nur feines Schleifpapier, damit die Abstände zwischen den Puzzleteilen nicht zu groß werden. Legen Sie die Schildkröte zusammen, und pausen Sie die Zeichnung vom Vorlagebogen auf beide Seiten auf, da die Schildkröte beidseitig bemalt wird. Bemalen Sie Vorder- und Rückseite mit unterschiedlichen Farbkombinationen, und lackieren Sie das Puzzle rundum zweimal.

4. Fisch

Material
- Sperrholz, Ø 4 mm
- Holzleim
- Plakatfarben, Klarlack

Anleitung

Pausen Sie das Motiv vom Vorlagebogen auf das Holz, und übertragen Sie ein zweites Mal lediglich den Umriss des Fisches. Dann sägen Sie die beiden Fische aus. Um die kleinen Fische aussägen zu können, bohren Sie ein kleines Loch an der Sägelinie, fädeln ein kleines Sägeblatt hindurch und sägen die innere Fischform komplett aus. Schleifen Sie die Sägekante glatt. Nun können Sie die einzelnen Fische sorgfältig aussägen. Glätten Sie alle Teile vorsichtig mit Schleifpapier. Leimen Sie den erhaltenen Fischrand auf den Basisfisch, und schleifen Sie die Außenkanten bündig. Nun malen Sie die Teile kunterbunt an und lackieren sie.

5. Papagei

Material
- Sperrholz, Ø 6 mm
- Plakatfarben
- Klarlack

Anleitung
Die Zeichnung des Papageis wird mit Hilfe von Blaupapier auf Sperrholz gepaust.

Danach sägen Sie mit einem kleinen Sägeblatt zuerst die Papageiform aus. Schleifen Sie die Sägekanten.
Dann sägen Sie die Puzzleteile aus. Auch diese Kanten und Oberflächen werden glatt geschliffen. Bemalen Sie den Papagei ganz bunt, und lackieren Sie ihn in zwei Schichten.

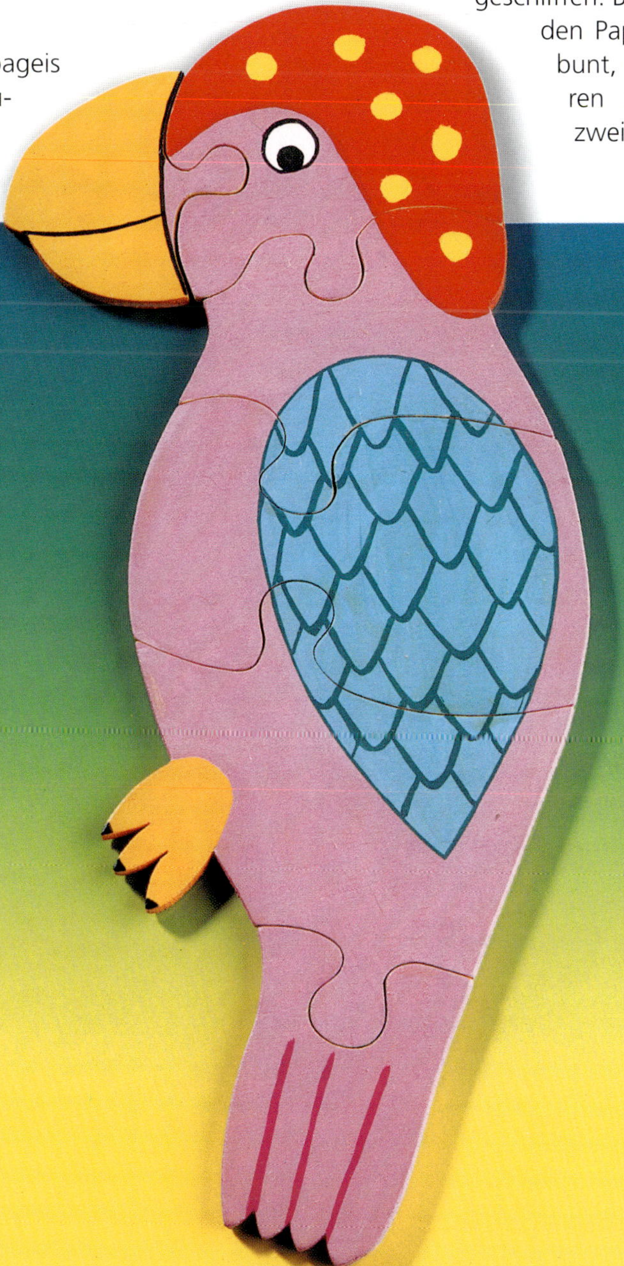

6. Tintenfisch

Material
- Sperrholz, Ø 6 mm
- Plakatfarben
- Klarlack

Anleitung
Übertragen Sie das Puzzleraster des Tintenfisches vom Vorlagebogen auf das Holz, indem Sie die Linien mit Blaupapier durchpausen. Dann sägen Sie den Tintenfisch aus und glätten die Sägekante. Anschließend werden die einzelnen Puzzleteile ausgesägt und sämtliche Kanten und Oberflächen glatt geschliffen. Setzen Sie den Tintenfisch zusammen, und pausen Sie die Zeichnung für die Bemalung auf. Anschließend kann der Tintenfisch bemalt werden.
Wählen Sie einen kräftigen Grünton als Grundfarbe, und geben Sie dem Tintenfisch ein freundliches Gesicht. Zum Schluss wird das Puzzle in zwei Schichten lackiert.

7. Feuerdrache

Material
- Sperrholz, Ø 6 mm
- Holzleim
- Plakatfarben
- Klarlack

Anleitung

Übertragen Sie das Puzzleraster auf das Holz, und zeichnen Sie zusätzlich ein zweites Rechteck in den Maßen 34 x 12 cm auf. Sägen Sie die Rechtecke aus, und bohren Sie in das Rechteck mit aufgezeichnetem Puzzleraster ein Loch in einer Ecke des inneren Rahmens. Hier fädeln Sie ein kleines Sägeblatt durch und sägen das innere Rechteck aus.
Schleifen Sie alle Kanten und Oberflächen glatt. Dann sägen Sie die Puzzleteile aus. Schleifen Sie die Kanten ebenfalls glatt. Sie haben einen rechteckigen Holzrahmen erhalten, den Sie auf das Basisrechteck aufleimen.
Schleifen Sie die Kanten bündig. Setzen Sie nun die Puzzleteile zusammen, und pausen Sie die Zeichnung des Drachens auf. Bemalen Sie ihn gemäß der Abbildung, und lackieren Sie alle Teile zweifach.

8. Fee und Hexe

Material
- Sperrholz, ∅ 6 mm
- Plakatfarben
- Klarlack
- Würfel

Anleitung

Dieses Puzzle ist ein Würfelspiel für zwei Mitspieler. Jedes Kind bekommt eine Figur, und die Einzelteile werden auf dem Tisch ausgebreitet. Die Kinder würfeln abwechselnd und dürfen sich jeweils das Teil ihrer Figur nehmen, das zu der gewürfelten Zahl passt. Wer zuerst seine Figur vervollständigt hat, hat gewonnen.

Pausen Sie die Puzzleraster für Fee und Hexe auf das Holz, und sägen Sie zunächst die Figuren komplett aus. Schleifen Sie die Kanten und Oberflächen glatt. Dann sägen Sie die Einzelteile zu und glätten auch diese. Legen Sie Fee und Hexe zusammen, und pausen Sie die Zeichnungen des Vorlagebogens auf. Bemalen Sie die Figuren lustig bunt, und vergessen Sie die Außenkanten nicht. Zum Schluss werden die Würfelpunkte auf die Holzteile gemalt, und alle Teile werden zweimal lackiert.

9. Legekreis Fische

Material
- Sperrholz, ∅ 4 mm
- Holzleim
- Plakatfarben
- Klarlack

Anleitung
Übertragen Sie die Zeichnung mit Hilfe von Blaupapier vom Vorlagebogen auf das Holz. Sägen Sie den Kreis aus, und sägen Sie entlang der Linien die Kreisviertel zu. Dann pausen Sie die Fische noch einmal auf Sperrholz. Glätten Sie die Sägekanten, und sägen Sie die Fische an den eingezeichneten Schnittlinien durch. Alle Teile werden mit Schleifpapier geglättet. Dann bemalen Sie die Fische fröhlich bunt. Auch die Kreisviertel werden bemalt. Achten Sie darauf, nicht über die aufgezeichneten Fische hinwegzumalen, damit Sie einen Anhaltspunkt haben, um später die Fische genau an der richtigen Stelle aufleimen zu können. Auf diese Weise kann Ihr Kind nicht nur die farblich entsprechenden Fische zusammensetzen, sondern auch ganz neue Fischkombinationen ausprobieren. Leimen Sie die Fische auf, und lackieren Sie den Legekreis zweifach.

10. Bunte Tierwelt

Material
- Sperrholz, ∅ 4 mm
- Holzleim
- Plakatfarben
- Klarlack

Anleitung
Zeichnen Sie sechs Rechtecke mit den Maßen 20 x 13 cm auf das Holz. Bei fünf Rechtecken zeichnen Sie einen 1,5 cm breiten Rand auf. Legen Sie das Basisrechteck zur Seite, und nehmen Sie bei den anderen Rechtecken je eine Bohrung an der Sägelinie vor, um die Innenteile vom Randstück auszusägen. Zersägen Sie die Innenteile jeweils in zwei Hälften. Nun werden alle Kanten und Oberflächen geglättet. Leimen Sie die fünf Randstücke übereinander auf das Basisrechteck, und schleifen Sie Innen- und Außenkanten bündig ab.
Pausen Sie die Tiere des Vorlagebogens auf die Täfelchen, indem Sie die passenden Hälften zusammenlegen. Tragen Sie die Bemalung auf. Anschließend werden die Täfelchen zweimal lackiert.

11. Löwe

Material
- Sperrholz, ∅ 4 und 6 mm
- Holzleim
- Plakatfarben
- Klarlack

Anleitung
Auf die dünnere Sperrholzplatte übertragen Sie lediglich den Umriss des Rechteckes, auf die dickere Sperrholzplatte wird das gesamte Motiv übertragen. Sägen Sie zunächst die Rechtecke aus, und schleifen Sie die Sägekanten glatt. Dann bohren Sie in jede Sägelinie des Löwen ein Loch, fädeln ein kleines Sägeblatt hindurch und sägen entlang der jeweiligen Linie sorgfältig aus. Alle Teile werden von den Spänen befreit, und achten Sie beim Schleifen darauf, dass die Teile genau ineinander passen. Leimen Sie die beiden Rechteckformen aufeinander, wobei das dünnere Rechteck die Basis bildet. Bemalen Sie dann alle Teile, und lackieren Sie sie in zwei Schichten.

12. Obst

Material
- Sperrholz, ∅ 4 mm
- Holzleim
- Plakatfarben
- Klarlack

Anleitung

Messen Sie auf dem Holz acht Rechtecke in der Größe 8 x 12 cm sowie zwei Rechtecke mit Rundung (übertragen Sie diese vom Vorlagebogen) ab. Die Früchte werden ebenfalls auf das Holz gepaust. Sägen Sie alle Teile aus, und glätten Sie die Kanten und Oberflächen mit Schleifpapier. Dann sägen Sie die Früchte entlang der aufgezeichneten Linien durch. Glätten Sie die Sägekanten. Bemalen Sie das Obst, und leimen Sie es auf. Achten Sie dabei darauf, dass die entsprechenden Holzplättchen genau nebeneinander liegen, damit die aufgeleimten Früchte exakt aneinander passen. Lackieren Sie alle Tafeln rundum zweifach.

13. Tierfelle

Material

- Sperrholz, Ø 4 mm
- Rundholzstab, Ø 6 mm
- Holzleim
- Plakatfarben
- Klarlack

Anleitung

Pausen Sie das Herz zweimal vom Vorlagebogen auf das Holz, dabei einmal lediglich den Umriss. Sägen Sie die Herzen und die aufgezeichneten „Fenster“ aus. Für letztere bohren Sie ein Loch in die entsprechende Sägelinie und fädeln ein kleines Sägeblatt hindurch. Anschließend werden alle Kanten und Oberflächen glatt geschliffen. Leimen Sie beide Herzen aufeinander, und bearbeiten Sie die Außenkanten so lange mit Schleifpapier, bis die Herzen bündig sind. Bemalen Sie das Herz mit einem kräftigen Rotton, die Innenflächen der ausgesägten geometrischen Figuren werden dabei ausgelassen und später mit den Tieren des Vorlagebogens bemalt (pausen Sie die Tiere zu diesem Zweck auf das Holz). Die den Tieren entsprechenden Fellmuster werden auf die ausgesägten Steckteile gepaust und ausgemalt. Für die Griffe der Steckteile sägen Sie 1,5 cm lange Stücke vom Rundholzstab ab und leimen diese in der Mitte der Steckteile auf. Das Herz und die Steckteile werden zweifach lackiert.

14. Auto, Schiff und Flugzeug

Material

- Sperrholz, Ø 6 mm
- Rundholzstab, Ø 6 mm
- Holzleim
- Plakatfarben
- Klarlack

Anleitung

Übertragen Sie das Rechteck des Vorlagebogens zweimal auf das Holz, einmal mit Zeichnung, einmal nur mit Umriss. Sägen Sie die beiden Rechtecke aus, und schleifen Sie die Kanten und Oberflächen glatt. Bohren Sie für jedes Fahrzeug entlang der Sägelinie ein Loch. Fädeln Sie dort ein kleines Sägeblatt hindurch, und sägen Sie die Transportmittel sorgfältig aus. Befreien Sie die Teile gründlich von den abstehenden Spänen. Nun leimen Sie das Rechteck, aus dem Sie die Verkehrsmittel ausgesägt haben, auf das Basisrechteck. Überschüssiger Leim wird sofort entfernt. Schleifen Sie die Außenkante der Rechtecke bündig. Von dem Rundholzstab sägen Sie fünf ca. 1,5 cm lange Stücke ab, und kleben diese auf die Mitte der Fahrzeuge.

Nun werden die Teile bemalt und zweifach lackiert.

Lern- und Geschicklichkeitsspiele

15. Fädelkatze

Material
- Sperrholz, ∅ 6 mm
- Schnürsenkel in Schwarz, ca. 70 cm lang
- Plakatfarben
- Klarlack

Anleitung
Mit diesem Geduldsspiel können sich schon Kindergartenkinder allein beschäftigen. Auch für längere Autofahrten ist es bestens geeignet. Pausen Sie die Katze vom Vorlagebogen auf das Holz. Dabei werden auch die zu bohrenden Löcher markiert. Sägen Sie die Katze aus, und schleifen Sie die Kanten und Oberflächen glatt. Mit dem Handbohrer durchbohren Sie die markierten Löcher und schleifen diese mit Schleifpapier sauber aus.
Die Katze wird beidseitig lustig bemalt und in zwei Schichten lackiert. Nachdem der Lack getrocknet ist, kann der Schnürsenkel eingezogen werden.

Tipp: Sie können die Vorder- und Rückseite der Katze mit unterschiedlichen Farben bemalen.

16. Puzzle-Uhr

Material

- Sperrholz, ∅ 4 mm
- Holzkugel mit einseitiger Bohrung, ∅ 1,5 cm
- Rundholzstab, ∅ 4 mm
- Holzleim
- Plakatfarben
- Klarlack

Anleitung

Mit dieser Uhr kann Ihr Kind nicht nur puzzeln, sondern gleichzeitig die Zeit lernen.

Pausen Sie das Zifferblatt der Uhr auf das Holz, und übertragen Sie zusätzlich einen zweiten Kreis. Sie können dafür auch mit dem Zirkel einen Kreis im Radius 12,5 cm direkt auf das Holz zeichnen. Sägen Sie die Kreise aus, und schleifen Sie sie glatt. Der schlichte Kreis dient als Basisplatte, aus dem anderen Kreis sägen Sie die Zahlen aus, indem Sie auf der Linie jeder Zahl zunächst ein Loch bohren, dort ein kleines Sägeblatt hindurchziehen und dann sägen. Bohren Sie in der Mitte des Kreises, aus dem Sie die Zahlen ausgesägt haben, ein Loch für den Zeiger.

Pausen Sie nun die Zeiger auf Ihr Holz, und sägen Sie sie aus. In jeden Zeiger bohren Sie an der markierten Stelle ein Loch. Die Zahlen und die Zeiger werden sorgfältig glatt geschliffen.

Nun wird das Zifferblatt auf den Basiskreis geleimt. Den äußeren Rand bearbeiten Sie so lange mit grobem Schleifpapier, bis die Außenkante bündig ist. Bemalen Sie die Zahlen und die Zeiger, und lackieren Sie die ganze Uhr zweimal.

Um die Zeiger anzubringen, sägen Sie ein

Stück vom Rundholzstab in der Länge von 1,6 cm ab. Dieses Teil wird in das mittige Loch der Uhr eingeklebt, und die Zeiger werden aufgesteckt. Diese sollten sich leicht drehen lassen. Notfalls schleifen Sie die Bohrlöcher noch etwas aus. Leimen Sie die Kugel mit der Lochseite auf das Ende des Rundholzstabes.

17. Buchstabenspiel

Material
- Sperrholz, Ø 4 mm
- Plakatfarben
- Klarlack

Anleitung
Auf spielerische Weise lernt Ihr Kind das Alphabet kennen, denn die Bildtäfelchen lassen sich wie bei einem Puzzle nur zu dem entsprechenden

Anfangsbuchstaben zuordnen. Eine persönliche Note erhält dieses Spiel, wenn Sie den Namen Ihres Kindes auf das jeweilige Täfelchen malen. Übertragen Sie das Spiel mit Hilfe von Blaupapier vom Vorlagebogen auf Sperrholz. Sägen Sie zunächst das Rechteck als Ganzes aus, und schleifen Sie die Kanten glatt. Dann sägen Sie die Einzelteile zu. Wiederum werden alle Kanten und Oberflächen glatt geschliffen. Malen Sie die Buchstaben uni oder kunterbunt aus. Bemalen Sie auch die Täfelchen, und lackieren Sie alle Teile zweifach.

18. Elefant

Material
- Sperrholz, ∅ 4 mm
- Holzleim
- Plakatfarben
- Klarlack

Anleitung

Bei diesem Spiel kann Ihr Kind seine Geschicklichkeit trainieren. Ein kleines Plättchen fehlt, damit die übrigen Bildsegmente hin und her geschoben werden können, bis der Elefant zusammengesetzt ist.

Zeichnen Sie auf dem Holz zwei Quadrate mit den Maßen 17 x 17 cm auf, und sägen Sie sie aus. Eines der Quadrate ist ihr Basisquadrat, auf dem anderen zeichnen Sie einen 0,5 cm breiten Rand ein. Bohren Sie in eine Ecke des Rahmens ein Loch, fädeln Sie ein Sägeblatt hindurch, und sägen Sie das innere Quadrat aus. Auf das nun entstandene 16 x 16 cm große Quadrat pausen Sie die Rasterzeichnung auf und zersägen es in 16 kleine Quadrate. Ein kleines Quadrat legen Sie zur Seite, es wird für dieses Spiel nicht benötigt. Schleifen Sie alle Kanten und Oberflächen glatt. Die Kanten der kleinen Quadrate werden großzügig beschliffen, damit sie sich später problemlos im Kästchen hin und herschieben lassen. Leimen Sie den Rahmen auf das Basisquadrat, und schleifen Sie Außen- und Innenkanten bündig. Legen Sie die kleinen Quadrate in das Kästchen, und übertragen Sie darauf den Elefanten des Vorlagebogens. Malen Sie den Elefanten aus, und streichen Sie den Rand des Kästchens. Dann können alle Teile zweimal lackiert werden.

19. Balance-Blume

Material
- Sperrholz, ∅ 4 mm
- Perlen in Silber und Rot, ∅ ca. 5 mm
- Holzleim
- Plakatfarben
- Klarlack

Anleitung

Die Blume wird zweimal vom Vorlagebogen auf das Holz übertragen, einmal mit Labyrinth und einmal lediglich mit Umriss. Sägen Sie beide Blumen aus.

Um das Labyrinth zu erhalten, bohren Sie an der aufgezeichneten Sägelinie ein Loch. Dort fädeln Sie ein kleines Sägeblatt hindurch und sägen dann sehr genau an der Linie entlang. Schleifen Sie alle Kanten und Oberflächen glatt.

Das Labyrinth wird auf die Basisblume gelegt. Lassen Sie zur Probe eine Perle durchlaufen. Eventuelle Engstellen schleifen Sie weiter aus. Dann leimen Sie die beiden Teile zusammen und schleifen die Außenkanten bündig. Die Blume wird bemalt und in zwei Schichten lackiert.

20. Kugelwurm

Material
- Sperrholz, ∅ 4 mm
- 8 Holzkugeln, ∅ 8 mm
- Holzleim
- Plakatfarben
- Klarlack

Anleitung

Dieses Geduldsspiel ist für ältere Kinder gedacht, denn es ist nicht ganz einfach, die Kugeln in die passenden Löcher hineinzubekommen.

Messen Sie auf dem Holz drei Quadrate mit den Maßen 15 x 15 cm ab. Eines dieser Quadrate ist Ihr Basisquadrat, auf ein Quadrat pausen Sie den Wurm auf, auf dem dritten zeichnen Sie im Abstand von 1 cm einen Innenrand ab (es entsteht ein Innenquadrat mit den Maßen 13 x 13 cm). Sägen Sie die Quadrate aus. Dann bohren Sie in eine Ecke des Innenquadrats ein Loch, fädeln ein kleines Sägeblatt hindurch und sägen das Innenquadrat aus. Sie benötigen den entstandenen Holzrahmen. Bohren Sie mit einem großen Bohrer die markierten Bohrlöcher aus dem Wurm, oder sägen Sie mit Hilfe eines durchgefädelten Sägeblattes die Löcher kreisrund aus. Entfernen Sie die abstehenden Späne. Schleifen Sie alle Kanten und Oberflächen. Leimen Sie das Quadrat mit dem aufgezeichneten Wurm auf das Basisquadrat und darüber den Holzrahmen. Nachdem der Leim gehärtet ist, werden die Außenkanten bündig abgeschliffen und die Ecken abgerundet. Nun werden der Wurm, der Rand des Holzkastens und die Holzkugeln bemalt und lackiert. Jede Holzkugel erhält dabei die Farbe eines Wurmgliedes.

ENGLISCH VERLAG

kreativ

ISBN 3-8241-0941-7
Broschur, 32 S., 2 Vorlageb.

ISBN 3-8241-0768-6
Broschur, 32 S., 2 Vorlageb.

ISBN 3-8241-0935-2
Broschur, 32 S., 2 Vorlageb.

ISBN 3-8241-0832-1
Broschur, 32 S., 2 Vorlageb.

ISBN 3-8241-0882-8
Broschur, 32 S., Vorlageb.

Lust auf Mehr?

Liebe Leserin, lieber Leser,
natürlich haben wir noch viele andere Bücher im Programm.
Gerne senden wir Ihnen unser Gesamtverzeichnis zu.
Auch auf Ihre Anregungen und Vorschläge sind wir gespannt.
Rufen Sie uns einfach an oder schreiben Sie uns.

Englisch Verlag GmbH
Postfach 2309 · 65013 Wiesbaden
Telefon 06 11/9 42 72-0 · Telefax 06 11/9 42 72 30
E-Mail englisch@englisch-verlag.de
Internet http://www.englisch-verlag.de